ACCOUNTING

LEDGER BOOK

NAME: ______________________________

PHONE: ______________________________

ACCOUNTING LEDGER

Month: ______________________ **Sheet Number:** ______________________

No.	Date	Account	Memo	Debit	Credit	Balance
1						
2						
3						
4						
5						
6						
7						
8						
9						
10						
11						
12						
13						
14						
15						
16						
17						
18						
19						
20						
21						
22						
23						
24						
25						
26						
27						
28						
29						

ACCOUNTING LEDGER

Month: ______________________ **Sheet Number:** ______________________

No.	Date	Account	Memo	Debit	Credit	Balance
1						
2						
3						
4						
5						
6						
7						
8						
9						
10						
11						
12						
13						
14						
15						
16						
17						
18						
19						
20						
21						
22						
23						
24						
25						
26						
27						
28						
29						

ACCOUNTING LEDGER

Month: ______________________ **Sheet Number:** ______________________

No.	Date	Account	Memo	Debit	Credit	Balance
1						
2						
3						
4						
5						
6						
7						
8						
9						
10						
11						
12						
13						
14						
15						
16						
17						
18						
19						
20						
21						
22						
23						
24						
25						
26						
27						
28						
29						

ACCOUNTING LEDGER

Month: ______________________ **Sheet Number:** ______________________

No.	Date	Account	Memo	Debit	Credit	Balance
1						
2						
3						
4						
5						
6						
7						
8						
9						
10						
11						
12						
13						
14						
15						
16						
17						
18						
19						
20						
21						
22						
23						
24						
25						
26						
27						
28						
29						

ACCOUNTING LEDGER

Month: ______________________ **Sheet Number:** ______________________

No.	Date	Account	Memo	Debit	Credit	Balance
1						
2						
3						
4						
5						
6						
7						
8						
9						
10						
11						
12						
13						
14						
15						
16						
17						
18						
19						
20						
21						
22						
23						
24						
25						
26						
27						
28						
29						

ACCOUNTING LEDGER

Month: ______________________ **Sheet Number:** ______________________

No.	Date	Account	Memo	Debit	Credit	Balance
1						
2						
3						
4						
5						
6						
7						
8						
9						
10						
11						
12						
13						
14						
15						
16						
17						
18						
19						
20						
21						
22						
23						
24						
25						
26						
27						
28						
29						

ACCOUNTING LEDGER

Month: ______________________ **Sheet Number:** ______________________

No.	Date	Account	Memo	Debit	Credit	Balance
1						
2						
3						
4						
5						
6						
7						
8						
9						
10						
11						
12						
13						
14						
15						
16						
17						
18						
19						
20						
21						
22						
23						
24						
25						
26						
27						
28						
29						

ACCOUNTING LEDGER

Month: ______________________ **Sheet Number:** ______________________

No.	Date	Account	Memo	Debit	Credit	Balance
1						
2						
3						
4						
5						
6						
7						
8						
9						
10						
11						
12						
13						
14						
15						
16						
17						
18						
19						
20						
21						
22						
23						
24						
25						
26						
27						
28						
29						

ACCOUNTING LEDGER

Month: ______________________ **Sheet Number:** ______________________

No.	Date	Account	Memo	Debit	Credit	Balance
1						
2						
3						
4						
5						
6						
7						
8						
9						
10						
11						
12						
13						
14						
15						
16						
17						
18						
19						
20						
21						
22						
23						
24						
25						
26						
27						
28						
29						

ACCOUNTING LEDGER

Month: ______________________ **Sheet Number:** ______________________

No.	Date	Account	Memo	Debit	Credit	Balance
1						
2						
3						
4						
5						
6						
7						
8						
9						
10						
11						
12						
13						
14						
15						
16						
17						
18						
19						
20						
21						
22						
23						
24						
25						
26						
27						
28						
29						

ACCOUNTING LEDGER

Month: ______________________ **Sheet Number:** ______________________

No.	Date	Account	Memo	Debit	Credit	Balance
1						
2						
3						
4						
5						
6						
7						
8						
9						
10						
11						
12						
13						
14						
15						
16						
17						
18						
19						
20						
21						
22						
23						
24						
25						
26						
27						
28						
29						

ACCOUNTING LEDGER

Month: ______________________ **Sheet Number:** ______________________

No.	Date	Account	Memo	Debit	Credit	Balance
1						
2						
3						
4						
5						
6						
7						
8						
9						
10						
11						
12						
13						
14						
15						
16						
17						
18						
19						
20						
21						
22						
23						
24						
25						
26						
27						
28						
29						

ACCOUNTING LEDGER

Month: ______________________ **Sheet Number:** ______________________

No.	Date	Account	Memo	Debit	Credit	Balance
1						
2						
3						
4						
5						
6						
7						
8						
9						
10						
11						
12						
13						
14						
15						
16						
17						
18						
19						
20						
21						
22						
23						
24						
25						
26						
27						
28						
29						

ACCOUNTING LEDGER

Month: ______________________ **Sheet Number:** ______________________

No.	Date	Account	Memo	Debit	Credit	Balance
1						
2						
3						
4						
5						
6						
7						
8						
9						
10						
11						
12						
13						
14						
15						
16						
17						
18						
19						
20						
21						
22						
23						
24						
25						
26						
27						
28						
29						

ACCOUNTING LEDGER

Month: ______________________ **Sheet Number:** ______________________

No.	Date	Account	Memo	Debit	Credit	Balance
1						
2						
3						
4						
5						
6						
7						
8						
9						
10						
11						
12						
13						
14						
15						
16						
17						
18						
19						
20						
21						
22						
23						
24						
25						
26						
27						
28						
29						

ACCOUNTING LEDGER

Month: ______________________ **Sheet Number:** ______________________

No.	Date	Account	Memo	Debit	Credit	Balance
1						
2						
3						
4						
5						
6						
7						
8						
9						
10						
11						
12						
13						
14						
15						
16						
17						
18						
19						
20						
21						
22						
23						
24						
25						
26						
27						
28						
29						

ACCOUNTING LEDGER

Month: ______________________ **Sheet Number:** ______________________

No.	Date	Account	Memo	Debit	Credit	Balance
1						
2						
3						
4						
5						
6						
7						
8						
9						
10						
11						
12						
13						
14						
15						
16						
17						
18						
19						
20						
21						
22						
23						
24						
25						
26						
27						
28						
29						

ACCOUNTING LEDGER

Month: ______________________ **Sheet Number:** ______________________

No.	Date	Account	Memo	Debit	Credit	Balance
1						
2						
3						
4						
5						
6						
7						
8						
9						
10						
11						
12						
13						
14						
15						
16						
17						
18						
19						
20						
21						
22						
23						
24						
25						
26						
27						
28						
29						

ACCOUNTING LEDGER

Month: ______________________ **Sheet Number:** ______________________

No.	Date	Account	Memo	Debit	Credit	Balance
1						
2						
3						
4						
5						
6						
7						
8						
9						
10						
11						
12						
13						
14						
15						
16						
17						
18						
19						
20						
21						
22						
23						
24						
25						
26						
27						
28						
29						

ACCOUNTING LEDGER

Month: ______________________ **Sheet Number:** ______________________

No.	Date	Account	Memo	Debit	Credit	Balance
1						
2						
3						
4						
5						
6						
7						
8						
9						
10						
11						
12						
13						
14						
15						
16						
17						
18						
19						
20						
21						
22						
23						
24						
25						
26						
27						
28						
29						

ACCOUNTING LEDGER

Month: ______________________ **Sheet Number:** ______________________

No.	Date	Account	Memo	Debit	Credit	Balance
1						
2						
3						
4						
5						
6						
7						
8						
9						
10						
11						
12						
13						
14						
15						
16						
17						
18						
19						
20						
21						
22						
23						
24						
25						
26						
27						
28						
29						

ACCOUNTING LEDGER

Month: ____________________ **Sheet Number:** ____________________

No.	Date	Account	Memo	Debit	Credit	Balance
1						
2						
3						
4						
5						
6						
7						
8						
9						
10						
11						
12						
13						
14						
15						
16						
17						
18						
19						
20						
21						
22						
23						
24						
25						
26						
27						
28						
29						

ACCOUNTING LEDGER

Month: ____________________ Sheet Number: ____________________

No.	Date	Account	Memo	Debit	Credit	Balance
1						
2						
3						
4						
5						
6						
7						
8						
9						
10						
11						
12						
13						
14						
15						
16						
17						
18						
19						
20						
21						
22						
23						
24						
25						
26						
27						
28						
29						

ACCOUNTING LEDGER

Month: ______________________ **Sheet Number:** ______________________

No.	Date	Account	Memo	Debit	Credit	Balance
1						
2						
3						
4						
5						
6						
7						
8						
9						
10						
11						
12						
13						
14						
15						
16						
17						
18						
19						
20						
21						
22						
23						
24						
25						
26						
27						
28						
29						

ACCOUNTING LEDGER

Month: ______________________ **Sheet Number:** ______________________

No.	Date	Account	Memo	Debit	Credit	Balance
1						
2						
3						
4						
5						
6						
7						
8						
9						
10						
11						
12						
13						
14						
15						
16						
17						
18						
19						
20						
21						
22						
23						
24						
25						
26						
27						
28						
29						

ACCOUNTING LEDGER

Month: ______________________ **Sheet Number:** ______________________

No.	Date	Account	Memo	Debit	Credit	Balance
1						
2						
3						
4						
5						
6						
7						
8						
9						
10						
11						
12						
13						
14						
15						
16						
17						
18						
19						
20						
21						
22						
23						
24						
25						
26						
27						
28						
29						

ACCOUNTING LEDGER

Month: ______________________ **Sheet Number:** ______________________

No.	Date	Account	Memo	Debit	Credit	Balance
1						
2						
3						
4						
5						
6						
7						
8						
9						
10						
11						
12						
13						
14						
15						
16						
17						
18						
19						
20						
21						
22						
23						
24						
25						
26						
27						
28						
29						

ACCOUNTING LEDGER

Month: ______________________ **Sheet Number:** ______________________

No.	Date	Account	Memo	Debit	Credit	Balance
1						
2						
3						
4						
5						
6						
7						
8						
9						
10						
11						
12						
13						
14						
15						
16						
17						
18						
19						
20						
21						
22						
23						
24						
25						
26						
27						
28						
29						

ACCOUNTING LEDGER

Month: ______________________ **Sheet Number:** ______________________

No.	Date	Account	Memo	Debit	Credit	Balance
1						
2						
3						
4						
5						
6						
7						
8						
9						
10						
11						
12						
13						
14						
15						
16						
17						
18						
19						
20						
21						
22						
23						
24						
25						
26						
27						
28						
29						

ACCOUNTING LEDGER

Month: ______________________ Sheet Number: ______________________

No.	Date	Account	Memo	Debit	Credit	Balance
1						
2						
3						
4						
5						
6						
7						
8						
9						
10						
11						
12						
13						
14						
15						
16						
17						
18						
19						
20						
21						
22						
23						
24						
25						
26						
27						
28						
29						

ACCOUNTING LEDGER

Month: ______________________ **Sheet Number:** ______________________

No.	Date	Account	Memo	Debit	Credit	Balance
1						
2						
3						
4						
5						
6						
7						
8						
9						
10						
11						
12						
13						
14						
15						
16						
17						
18						
19						
20						
21						
22						
23						
24						
25						
26						
27						
28						
29						

ACCOUNTING LEDGER

Month: ______________________ **Sheet Number:** ______________________

No.	Date	Account	Memo	Debit	Credit	Balance
1						
2						
3						
4						
5						
6						
7						
8						
9						
10						
11						
12						
13						
14						
15						
16						
17						
18						
19						
20						
21						
22						
23						
24						
25						
26						
27						
28						
29						

ACCOUNTING LEDGER

Month: ____________________ **Sheet Number:** ____________________

No.	Date	Account	Memo	Debit	Credit	Balance
1						
2						
3						
4						
5						
6						
7						
8						
9						
10						
11						
12						
13						
14						
15						
16						
17						
18						
19						
20						
21						
22						
23						
24						
25						
26						
27						
28						
29						

ACCOUNTING LEDGER

Month: ______________________ **Sheet Number:** ______________________

No.	Date	Account	Memo	Debit	Credit	Balance
1						
2						
3						
4						
5						
6						
7						
8						
9						
10						
11						
12						
13						
14						
15						
16						
17						
18						
19						
20						
21						
22						
23						
24						
25						
26						
27						
28						
29						

ACCOUNTING LEDGER

Month: ______________________ **Sheet Number:** ______________________

No.	Date	Account	Memo	Debit	Credit	Balance
1						
2						
3						
4						
5						
6						
7						
8						
9						
10						
11						
12						
13						
14						
15						
16						
17						
18						
19						
20						
21						
22						
23						
24						
25						
26						
27						
28						
29						

ACCOUNTING LEDGER

Month: ______________________ **Sheet Number:** ______________________

No.	Date	Account	Memo	Debit	Credit	Balance
1						
2						
3						
4						
5						
6						
7						
8						
9						
10						
11						
12						
13						
14						
15						
16						
17						
18						
19						
20						
21						
22						
23						
24						
25						
26						
27						
28						
29						

ACCOUNTING LEDGER

Month: ______________________ **Sheet Number:** ______________________

No.	Date	Account	Memo	Debit	Credit	Balance
1						
2						
3						
4						
5						
6						
7						
8						
9						
10						
11						
12						
13						
14						
15						
16						
17						
18						
19						
20						
21						
22						
23						
24						
25						
26						
27						
28						
29						

ACCOUNTING LEDGER

Month: ______________________ **Sheet Number:** ______________________

No.	Date	Account	Memo	Debit	Credit	Balance
1						
2						
3						
4						
5						
6						
7						
8						
9						
10						
11						
12						
13						
14						
15						
16						
17						
18						
19						
20						
21						
22						
23						
24						
25						
26						
27						
28						
29						

ACCOUNTING LEDGER

Month: ______________________ **Sheet Number:** ______________________

No.	Date	Account	Memo	Debit	Credit	Balance
1						
2						
3						
4						
5						
6						
7						
8						
9						
10						
11						
12						
13						
14						
15						
16						
17						
18						
19						
20						
21						
22						
23						
24						
25						
26						
27						
28						
29						

ACCOUNTING LEDGER

Month: ______________________ **Sheet Number:** ______________________

No.	Date	Account	Memo	Debit	Credit	Balance
1						
2						
3						
4						
5						
6						
7						
8						
9						
10						
11						
12						
13						
14						
15						
16						
17						
18						
19						
20						
21						
22						
23						
24						
25						
26						
27						
28						
29						

ACCOUNTING LEDGER

Month: ______________________ **Sheet Number:** ______________________

No.	Date	Account	Memo	Debit	Credit	Balance
1						
2						
3						
4						
5						
6						
7						
8						
9						
10						
11						
12						
13						
14						
15						
16						
17						
18						
19						
20						
21						
22						
23						
24						
25						
26						
27						
28						
29						

ACCOUNTING LEDGER

Month: ______________________ **Sheet Number:** ______________________

No.	Date	Account	Memo	Debit	Credit	Balance
1						
2						
3						
4						
5						
6						
7						
8						
9						
10						
11						
12						
13						
14						
15						
16						
17						
18						
19						
20						
21						
22						
23						
24						
25						
26						
27						
28						
29						

ACCOUNTING LEDGER

Month: ______________________ **Sheet Number:** ______________________

No.	Date	Account	Memo	Debit	Credit	Balance
1						
2						
3						
4						
5						
6						
7						
8						
9						
10						
11						
12						
13						
14						
15						
16						
17						
18						
19						
20						
21						
22						
23						
24						
25						
26						
27						
28						
29						

ACCOUNTING LEDGER

Month: ______________________ **Sheet Number:** ______________________

No.	Date	Account	Memo	Debit	Credit	Balance
1						
2						
3						
4						
5						
6						
7						
8						
9						
10						
11						
12						
13						
14						
15						
16						
17						
18						
19						
20						
21						
22						
23						
24						
25						
26						
27						
28						
29						

ACCOUNTING LEDGER

Month: ______________________ **Sheet Number:** ______________________

No.	Date	Account	Memo	Debit	Credit	Balance
1						
2						
3						
4						
5						
6						
7						
8						
9						
10						
11						
12						
13						
14						
15						
16						
17						
18						
19						
20						
21						
22						
23						
24						
25						
26						
27						
28						
29						

ACCOUNTING LEDGER

Month: ______________________ **Sheet Number:** ______________________

No.	Date	Account	Memo	Debit	Credit	Balance
1						
2						
3						
4						
5						
6						
7						
8						
9						
10						
11						
12						
13						
14						
15						
16						
17						
18						
19						
20						
21						
22						
23						
24						
25						
26						
27						
28						
29						

ACCOUNTING LEDGER

Month: ______________________ **Sheet Number:** ______________________

No.	Date	Account	Memo	Debit	Credit	Balance
1						
2						
3						
4						
5						
6						
7						
8						
9						
10						
11						
12						
13						
14						
15						
16						
17						
18						
19						
20						
21						
22						
23						
24						
25						
26						
27						
28						
29						

ACCOUNTING LEDGER

Month: ______________________ **Sheet Number:** ______________________

No.	Date	Account	Memo	Debit	Credit	Balance
1						
2						
3						
4						
5						
6						
7						
8						
9						
10						
11						
12						
13						
14						
15						
16						
17						
18						
19						
20						
21						
22						
23						
24						
25						
26						
27						
28						
29						

ACCOUNTING LEDGER

Month: ______________________ **Sheet Number:** ______________________

No.	Date	Account	Memo	Debit	Credit	Balance
1						
2						
3						
4						
5						
6						
7						
8						
9						
10						
11						
12						
13						
14						
15						
16						
17						
18						
19						
20						
21						
22						
23						
24						
25						
26						
27						
28						
29						

ACCOUNTING LEDGER

Month: ____________________ **Sheet Number:** ____________________

No.	Date	Account	Memo	Debit	Credit	Balance
1						
2						
3						
4						
5						
6						
7						
8						
9						
10						
11						
12						
13						
14						
15						
16						
17						
18						
19						
20						
21						
22						
23						
24						
25						
26						
27						
28						
29						

ACCOUNTING LEDGER

Month: ______________________ **Sheet Number:** ______________________

No.	Date	Account	Memo	Debit	Credit	Balance
1						
2						
3						
4						
5						
6						
7						
8						
9						
10						
11						
12						
13						
14						
15						
16						
17						
18						
19						
20						
21						
22						
23						
24						
25						
26						
27						
28						
29						

ACCOUNTING LEDGER

Month: ______________________ **Sheet Number:** ______________________

No.	Date	Account	Memo	Debit	Credit	Balance
1						
2						
3						
4						
5						
6						
7						
8						
9						
10						
11						
12						
13						
14						
15						
16						
17						
18						
19						
20						
21						
22						
23						
24						
25						
26						
27						
28						
29						

ACCOUNTING LEDGER

Month: ______________________ **Sheet Number:** ______________________

No.	Date	Account	Memo	Debit	Credit	Balance
1						
2						
3						
4						
5						
6						
7						
8						
9						
10						
11						
12						
13						
14						
15						
16						
17						
18						
19						
20						
21						
22						
23						
24						
25						
26						
27						
28						
29						

ACCOUNTING LEDGER

Month: ______________________ **Sheet Number:** ______________________

No.	Date	Account	Memo	Debit	Credit	Balance
1						
2						
3						
4						
5						
6						
7						
8						
9						
10						
11						
12						
13						
14						
15						
16						
17						
18						
19						
20						
21						
22						
23						
24						
25						
26						
27						
28						
29						

ACCOUNTING LEDGER

Month: ______________________ **Sheet Number:** ______________________

No.	Date	Account	Memo	Debit	Credit	Balance
1						
2						
3						
4						
5						
6						
7						
8						
9						
10						
11						
12						
13						
14						
15						
16						
17						
18						
19						
20						
21						
22						
23						
24						
25						
26						
27						
28						
29						

ACCOUNTING LEDGER

Month: ______________________ **Sheet Number:** ______________________

No.	Date	Account	Memo	Debit	Credit	Balance
1						
2						
3						
4						
5						
6						
7						
8						
9						
10						
11						
12						
13						
14						
15						
16						
17						
18						
19						
20						
21						
22						
23						
24						
25						
26						
27						
28						
29						

ACCOUNTING LEDGER

Month: ______________________ **Sheet Number:** ______________________

No.	Date	Account	Memo	Debit	Credit	Balance
1						
2						
3						
4						
5						
6						
7						
8						
9						
10						
11						
12						
13						
14						
15						
16						
17						
18						
19						
20						
21						
22						
23						
24						
25						
26						
27						
28						
29						

ACCOUNTING LEDGER

Month: ______________________ **Sheet Number:** ______________________

No.	Date	Account	Memo	Debit	Credit	Balance
1						
2						
3						
4						
5						
6						
7						
8						
9						
10						
11						
12						
13						
14						
15						
16						
17						
18						
19						
20						
21						
22						
23						
24						
25						
26						
27						
28						
29						

ACCOUNTING LEDGER

Month: ____________________ **Sheet Number:** ____________________

No.	Date	Account	Memo	Debit	Credit	Balance
1						
2						
3						
4						
5						
6						
7						
8						
9						
10						
11						
12						
13						
14						
15						
16						
17						
18						
19						
20						
21						
22						
23						
24						
25						
26						
27						
28						
29						

ACCOUNTING LEDGER

Month: ______________________ **Sheet Number:** ______________________

No.	Date	Account	Memo	Debit	Credit	Balance
1						
2						
3						
4						
5						
6						
7						
8						
9						
10						
11						
12						
13						
14						
15						
16						
17						
18						
19						
20						
21						
22						
23						
24						
25						
26						
27						
28						
29						

ACCOUNTING LEDGER

Month: ______________________ **Sheet Number:** ______________________

No.	Date	Account	Memo	Debit	Credit	Balance
1						
2						
3						
4						
5						
6						
7						
8						
9						
10						
11						
12						
13						
14						
15						
16						
17						
18						
19						
20						
21						
22						
23						
24						
25						
26						
27						
28						
29						

ACCOUNTING LEDGER

Month: ______________________ **Sheet Number:** ______________________

No.	Date	Account	Memo	Debit	Credit	Balance
1						
2						
3						
4						
5						
6						
7						
8						
9						
10						
11						
12						
13						
14						
15						
16						
17						
18						
19						
20						
21						
22						
23						
24						
25						
26						
27						
28						
29						

ACCOUNTING LEDGER

Month: ______________________ **Sheet Number:** ______________________

No.	Date	Account	Memo	Debit	Credit	Balance
1						
2						
3						
4						
5						
6						
7						
8						
9						
10						
11						
12						
13						
14						
15						
16						
17						
18						
19						
20						
21						
22						
23						
24						
25						
26						
27						
28						
29						

ACCOUNTING LEDGER

Month: ______________________ **Sheet Number:** ______________________

No.	Date	Account	Memo	Debit	Credit	Balance
1						
2						
3						
4						
5						
6						
7						
8						
9						
10						
11						
12						
13						
14						
15						
16						
17						
18						
19						
20						
21						
22						
23						
24						
25						
26						
27						
28						
29						

ACCOUNTING LEDGER

Month: ______________________ **Sheet Number:** ______________________

No.	Date	Account	Memo	Debit	Credit	Balance
1						
2						
3						
4						
5						
6						
7						
8						
9						
10						
11						
12						
13						
14						
15						
16						
17						
18						
19						
20						
21						
22						
23						
24						
25						
26						
27						
28						
29						

ACCOUNTING LEDGER

Month: ______________________ **Sheet Number:** ______________________

No.	Date	Account	Memo	Debit	Credit	Balance
1						
2						
3						
4						
5						
6						
7						
8						
9						
10						
11						
12						
13						
14						
15						
16						
17						
18						
19						
20						
21						
22						
23						
24						
25						
26						
27						
28						
29						

ACCOUNTING LEDGER

Month: ______________________ **Sheet Number:** ______________________

No.	Date	Account	Memo	Debit	Credit	Balance
1						
2						
3						
4						
5						
6						
7						
8						
9						
10						
11						
12						
13						
14						
15						
16						
17						
18						
19						
20						
21						
22						
23						
24						
25						
26						
27						
28						
29						

ACCOUNTING LEDGER

Month: ______________________ **Sheet Number:** ______________________

No.	Date	Account	Memo	Debit	Credit	Balance
1						
2						
3						
4						
5						
6						
7						
8						
9						
10						
11						
12						
13						
14						
15						
16						
17						
18						
19						
20						
21						
22						
23						
24						
25						
26						
27						
28						
29						

ACCOUNTING LEDGER

Month: ______________________ **Sheet Number:** ______________________

No.	Date	Account	Memo	Debit	Credit	Balance
1						
2						
3						
4						
5						
6						
7						
8						
9						
10						
11						
12						
13						
14						
15						
16						
17						
18						
19						
20						
21						
22						
23						
24						
25						
26						
27						
28						
29						

ACCOUNTING LEDGER

Month: ______________________ **Sheet Number:** ______________________

No.	Date	Account	Memo	Debit	Credit	Balance
1						
2						
3						
4						
5						
6						
7						
8						
9						
10						
11						
12						
13						
14						
15						
16						
17						
18						
19						
20						
21						
22						
23						
24						
25						
26						
27						
28						
29						

ACCOUNTING LEDGER

Month: ______________________ **Sheet Number:** ______________________

No.	Date	Account	Memo	Debit	Credit	Balance
1						
2						
3						
4						
5						
6						
7						
8						
9						
10						
11						
12						
13						
14						
15						
16						
17						
18						
19						
20						
21						
22						
23						
24						
25						
26						
27						
28						
29						

ACCOUNTING LEDGER

Month: ______________________ **Sheet Number:** ______________________

No.	Date	Account	Memo	Debit	Credit	Balance
1						
2						
3						
4						
5						
6						
7						
8						
9						
10						
11						
12						
13						
14						
15						
16						
17						
18						
19						
20						
21						
22						
23						
24						
25						
26						
27						
28						
29						

ACCOUNTING LEDGER

Month: ____________________ **Sheet Number:** ____________________

No.	Date	Account	Memo	Debit	Credit	Balance
1						
2						
3						
4						
5						
6						
7						
8						
9						
10						
11						
12						
13						
14						
15						
16						
17						
18						
19						
20						
21						
22						
23						
24						
25						
26						
27						
28						
29						

ACCOUNTING LEDGER

Month: ______________________ **Sheet Number:** ______________________

No.	Date	Account	Memo	Debit	Credit	Balance
1						
2						
3						
4						
5						
6						
7						
8						
9						
10						
11						
12						
13						
14						
15						
16						
17						
18						
19						
20						
21						
22						
23						
24						
25						
26						
27						
28						
29						

ACCOUNTING LEDGER

Month: ______________________ **Sheet Number:** ______________________

No.	Date	Account	Memo	Debit	Credit	Balance
1						
2						
3						
4						
5						
6						
7						
8						
9						
10						
11						
12						
13						
14						
15						
16						
17						
18						
19						
20						
21						
22						
23						
24						
25						
26						
27						
28						
29						

ACCOUNTING LEDGER

Month: ______________________ **Sheet Number:** ______________________

No.	Date	Account	Memo	Debit	Credit	Balance
1						
2						
3						
4						
5						
6						
7						
8						
9						
10						
11						
12						
13						
14						
15						
16						
17						
18						
19						
20						
21						
22						
23						
24						
25						
26						
27						
28						
29						

ACCOUNTING LEDGER

Month: ____________________ **Sheet Number:** ____________________

No.	Date	Account	Memo	Debit	Credit	Balance
1						
2						
3						
4						
5						
6						
7						
8						
9						
10						
11						
12						
13						
14						
15						
16						
17						
18						
19						
20						
21						
22						
23						
24						
25						
26						
27						
28						
29						

ACCOUNTING LEDGER

Month: ______________________ **Sheet Number:** ______________________

No.	Date	Account	Memo	Debit	Credit	Balance
1						
2						
3						
4						
5						
6						
7						
8						
9						
10						
11						
12						
13						
14						
15						
16						
17						
18						
19						
20						
21						
22						
23						
24						
25						
26						
27						
28						
29						

ACCOUNTING LEDGER

Month: ______________________ **Sheet Number:** ______________________

No.	Date	Account	Memo	Debit	Credit	Balance
1						
2						
3						
4						
5						
6						
7						
8						
9						
10						
11						
12						
13						
14						
15						
16						
17						
18						
19						
20						
21						
22						
23						
24						
25						
26						
27						
28						
29						

ACCOUNTING LEDGER

Month: ______________________ **Sheet Number:** ______________________

No.	Date	Account	Memo	Debit	Credit	Balance
1						
2						
3						
4						
5						
6						
7						
8						
9						
10						
11						
12						
13						
14						
15						
16						
17						
18						
19						
20						
21						
22						
23						
24						
25						
26						
27						
28						
29						

ACCOUNTING LEDGER

Month: ____________________ **Sheet Number:** ____________________

No.	Date	Account	Memo	Debit	Credit	Balance
1						
2						
3						
4						
5						
6						
7						
8						
9						
10						
11						
12						
13						
14						
15						
16						
17						
18						
19						
20						
21						
22						
23						
24						
25						
26						
27						
28						
29						

ACCOUNTING LEDGER

Month: ______________________ **Sheet Number:** ______________________

No.	Date	Account	Memo	Debit	Credit	Balance
1						
2						
3						
4						
5						
6						
7						
8						
9						
10						
11						
12						
13						
14						
15						
16						
17						
18						
19						
20						
21						
22						
23						
24						
25						
26						
27						
28						
29						

ACCOUNTING LEDGER

Month: ____________________ **Sheet Number:** ____________________

No.	Date	Account	Memo	Debit	Credit	Balance
1						
2						
3						
4						
5						
6						
7						
8						
9						
10						
11						
12						
13						
14						
15						
16						
17						
18						
19						
20						
21						
22						
23						
24						
25						
26						
27						
28						
29						

ACCOUNTING LEDGER

Month: ______________________ **Sheet Number:** ______________________

No.	Date	Account	Memo	Debit	Credit	Balance
1						
2						
3						
4						
5						
6						
7						
8						
9						
10						
11						
12						
13						
14						
15						
16						
17						
18						
19						
20						
21						
22						
23						
24						
25						
26						
27						
28						
29						

ACCOUNTING LEDGER

Month: ____________________ **Sheet Number:** ____________________

No.	Date	Account	Memo	Debit	Credit	Balance
1						
2						
3						
4						
5						
6						
7						
8						
9						
10						
11						
12						
13						
14						
15						
16						
17						
18						
19						
20						
21						
22						
23						
24						
25						
26						
27						
28						
29						

ACCOUNTING LEDGER

Month: ______________________ **Sheet Number:** ______________________

No.	Date	Account	Memo	Debit	Credit	Balance
1						
2						
3						
4						
5						
6						
7						
8						
9						
10						
11						
12						
13						
14						
15						
16						
17						
18						
19						
20						
21						
22						
23						
24						
25						
26						
27						
28						
29						

ACCOUNTING LEDGER

Month: ______________________ **Sheet Number:** ______________________

No.	Date	Account	Memo	Debit	Credit	Balance
1						
2						
3						
4						
5						
6						
7						
8						
9						
10						
11						
12						
13						
14						
15						
16						
17						
18						
19						
20						
21						
22						
23						
24						
25						
26						
27						
28						
29						

ACCOUNTING LEDGER

Month: ______________________ **Sheet Number:** ______________________

No.	Date	Account	Memo	Debit	Credit	Balance
1						
2						
3						
4						
5						
6						
7						
8						
9						
10						
11						
12						
13						
14						
15						
16						
17						
18						
19						
20						
21						
22						
23						
24						
25						
26						
27						
28						
29						

ACCOUNTING LEDGER

Month: ______________________ **Sheet Number:** ______________________

No.	Date	Account	Memo	Debit	Credit	Balance
1						
2						
3						
4						
5						
6						
7						
8						
9						
10						
11						
12						
13						
14						
15						
16						
17						
18						
19						
20						
21						
22						
23						
24						
25						
26						
27						
28						
29						

ACCOUNTING LEDGER

Month: ______________________ **Sheet Number:** ______________________

No.	Date	Account	Memo	Debit	Credit	Balance
1						
2						
3						
4						
5						
6						
7						
8						
9						
10						
11						
12						
13						
14						
15						
16						
17						
18						
19						
20						
21						
22						
23						
24						
25						
26						
27						
28						
29						

ACCOUNTING LEDGER

Month: ____________________ **Sheet Number:** ____________________

No.	Date	Account	Memo	Debit	Credit	Balance
1						
2						
3						
4						
5						
6						
7						
8						
9						
10						
11						
12						
13						
14						
15						
16						
17						
18						
19						
20						
21						
22						
23						
24						
25						
26						
27						
28						
29						

ACCOUNTING LEDGER

Month: ______________________ **Sheet Number:** ______________________

No.	Date	Account	Memo	Debit	Credit	Balance
1						
2						
3						
4						
5						
6						
7						
8						
9						
10						
11						
12						
13						
14						
15						
16						
17						
18						
19						
20						
21						
22						
23						
24						
25						
26						
27						
28						
29						

ACCOUNTING LEDGER

Month: ______________________ **Sheet Number:** ______________________

No.	Date	Account	Memo	Debit	Credit	Balance
1						
2						
3						
4						
5						
6						
7						
8						
9						
10						
11						
12						
13						
14						
15						
16						
17						
18						
19						
20						
21						
22						
23						
24						
25						
26						
27						
28						
29						

ACCOUNTING LEDGER

Month: ______________________ **Sheet Number:** ______________________

No.	Date	Account	Memo	Debit	Credit	Balance
1						
2						
3						
4						
5						
6						
7						
8						
9						
10						
11						
12						
13						
14						
15						
16						
17						
18						
19						
20						
21						
22						
23						
24						
25						
26						
27						
28						
29						

ACCOUNTING LEDGER

Month: ______________________ **Sheet Number:** ______________________

No.	Date	Account	Memo	Debit	Credit	Balance
1						
2						
3						
4						
5						
6						
7						
8						
9						
10						
11						
12						
13						
14						
15						
16						
17						
18						
19						
20						
21						
22						
23						
24						
25						
26						
27						
28						
29						

ACCOUNTING LEDGER

Month: ______________________ **Sheet Number:** ______________________

No.	Date	Account	Memo	Debit	Credit	Balance
1						
2						
3						
4						
5						
6						
7						
8						
9						
10						
11						
12						
13						
14						
15						
16						
17						
18						
19						
20						
21						
22						
23						
24						
25						
26						
27						
28						
29						

ACCOUNTING LEDGER

Month: ____________________ **Sheet Number:** ____________________

No.	Date	Account	Memo	Debit	Credit	Balance
1						
2						
3						
4						
5						
6						
7						
8						
9						
10						
11						
12						
13						
14						
15						
16						
17						
18						
19						
20						
21						
22						
23						
24						
25						
26						
27						
28						
29						

ACCOUNTING LEDGER

Month: ______________________ **Sheet Number:** ______________________

No.	Date	Account	Memo	Debit	Credit	Balance
1						
2						
3						
4						
5						
6						
7						
8						
9						
10						
11						
12						
13						
14						
15						
16						
17						
18						
19						
20						
21						
22						
23						
24						
25						
26						
27						
28						
29						

ACCOUNTING LEDGER

Month: ______________________ **Sheet Number:** ______________________

No.	Date	Account	Memo	Debit	Credit	Balance
1						
2						
3						
4						
5						
6						
7						
8						
9						
10						
11						
12						
13						
14						
15						
16						
17						
18						
19						
20						
21						
22						
23						
24						
25						
26						
27						
28						
29						

ACCOUNTING LEDGER

Month: ____________________ **Sheet Number:** ____________________

No.	Date	Account	Memo	Debit	Credit	Balance
1						
2						
3						
4						
5						
6						
7						
8						
9						
10						
11						
12						
13						
14						
15						
16						
17						
18						
19						
20						
21						
22						
23						
24						
25						
26						
27						
28						
29						

ACCOUNTING LEDGER

Month: ____________________ **Sheet Number:** ____________________

No.	Date	Account	Memo	Debit	Credit	Balance
1						
2						
3						
4						
5						
6						
7						
8						
9						
10						
11						
12						
13						
14						
15						
16						
17						
18						
19						
20						
21						
22						
23						
24						
25						
26						
27						
28						
29						

ACCOUNTING LEDGER

Month: ______________________ **Sheet Number:** ______________________

No.	Date	Account	Memo	Debit	Credit	Balance
1						
2						
3						
4						
5						
6						
7						
8						
9						
10						
11						
12						
13						
14						
15						
16						
17						
18						
19						
20						
21						
22						
23						
24						
25						
26						
27						
28						
29						

ACCOUNTING LEDGER

Month: ______________________ **Sheet Number:** ______________________

No.	Date	Account	Memo	Debit	Credit	Balance
1						
2						
3						
4						
5						
6						
7						
8						
9						
10						
11						
12						
13						
14						
15						
16						
17						
18						
19						
20						
21						
22						
23						
24						
25						
26						
27						
28						
29						

ACCOUNTING LEDGER

Month: ______________________ **Sheet Number:** ______________________

No.	Date	Account	Memo	Debit	Credit	Balance
1						
2						
3						
4						
5						
6						
7						
8						
9						
10						
11						
12						
13						
14						
15						
16						
17						
18						
19						
20						
21						
22						
23						
24						
25						
26						
27						
28						
29						

ACCOUNTING LEDGER

Month: ____________________ **Sheet Number:** ____________________

No.	Date	Account	Memo	Debit	Credit	Balance
1						
2						
3						
4						
5						
6						
7						
8						
9						
10						
11						
12						
13						
14						
15						
16						
17						
18						
19						
20						
21						
22						
23						
24						
25						
26						
27						
28						
29						

ACCOUNTING LEDGER

Month: ______________________ **Sheet Number:** ______________________

No.	Date	Account	Memo	Debit	Credit	Balance
1						
2						
3						
4						
5						
6						
7						
8						
9						
10						
11						
12						
13						
14						
15						
16						
17						
18						
19						
20						
21						
22						
23						
24						
25						
26						
27						
28						
29						

ACCOUNTING LEDGER

Month: ____________________ **Sheet Number:** ____________________

No.	Date	Account	Memo	Debit	Credit	Balance
1						
2						
3						
4						
5						
6						
7						
8						
9						
10						
11						
12						
13						
14						
15						
16						
17						
18						
19						
20						
21						
22						
23						
24						
25						
26						
27						
28						
29						

ACCOUNTING LEDGER

Month: ______________________ **Sheet Number:** ______________________

No.	Date	Account	Memo	Debit	Credit	Balance
1						
2						
3						
4						
5						
6						
7						
8						
9						
10						
11						
12						
13						
14						
15						
16						
17						
18						
19						
20						
21						
22						
23						
24						
25						
26						
27						
28						
29						

ACCOUNTING LEDGER

Month: ______________________ **Sheet Number:** ______________________

No.	Date	Account	Memo	Debit	Credit	Balance
1						
2						
3						
4						
5						
6						
7						
8						
9						
10						
11						
12						
13						
14						
15						
16						
17						
18						
19						
20						
21						
22						
23						
24						
25						
26						
27						
28						
29						

ACCOUNTING LEDGER

Month: ______________________ **Sheet Number:** ______________________

No.	Date	Account	Memo	Debit	Credit	Balance
1						
2						
3						
4						
5						
6						
7						
8						
9						
10						
11						
12						
13						
14						
15						
16						
17						
18						
19						
20						
21						
22						
23						
24						
25						
26						
27						
28						
29						

ACCOUNTING LEDGER

Month: ____________________ **Sheet Number:** ____________________

No.	Date	Account	Memo	Debit	Credit	Balance
1						
2						
3						
4						
5						
6						
7						
8						
9						
10						
11						
12						
13						
14						
15						
16						
17						
18						
19						
20						
21						
22						
23						
24						
25						
26						
27						
28						
29						

ACCOUNTING LEDGER

Month: ______________________ **Sheet Number:** ______________________

No.	Date	Account	Memo	Debit	Credit	Balance
1						
2						
3						
4						
5						
6						
7						
8						
9						
10						
11						
12						
13						
14						
15						
16						
17						
18						
19						
20						
21						
22						
23						
24						
25						
26						
27						
28						
29						

ACCOUNTING LEDGER

Month: ______________________ **Sheet Number:** ______________________

No.	Date	Account	Memo	Debit	Credit	Balance
1						
2						
3						
4						
5						
6						
7						
8						
9						
10						
11						
12						
13						
14						
15						
16						
17						
18						
19						
20						
21						
22						
23						
24						
25						
26						
27						
28						
29						

ACCOUNTING LEDGER

Month: ______________________ **Sheet Number:** ______________________

No.	Date	Account	Memo	Debit	Credit	Balance
1						
2						
3						
4						
5						
6						
7						
8						
9						
10						
11						
12						
13						
14						
15						
16						
17						
18						
19						
20						
21						
22						
23						
24						
25						
26						
27						
28						
29						

ACCOUNTING LEDGER

Month: ______________________ **Sheet Number:** ______________________

No.	Date	Account	Memo	Debit	Credit	Balance
1						
2						
3						
4						
5						
6						
7						
8						
9						
10						
11						
12						
13						
14						
15						
16						
17						
18						
19						
20						
21						
22						
23						
24						
25						
26						
27						
28						
29						

ACCOUNTING LEDGER

Month: ____________________ **Sheet Number:** ____________________

No.	Date	Account	Memo	Debit	Credit	Balance
1						
2						
3						
4						
5						
6						
7						
8						
9						
10						
11						
12						
13						
14						
15						
16						
17						
18						
19						
20						
21						
22						
23						
24						
25						
26						
27						
28						
29						

ACCOUNTING LEDGER

Month: ______________________ **Sheet Number:** ______________________

No.	Date	Account	Memo	Debit	Credit	Balance
1						
2						
3						
4						
5						
6						
7						
8						
9						
10						
11						
12						
13						
14						
15						
16						
17						
18						
19						
20						
21						
22						
23						
24						
25						
26						
27						
28						
29						

ACCOUNTING LEDGER

Month: ______________________ **Sheet Number:** ______________________

No.	Date	Account	Memo	Debit	Credit	Balance
1						
2						
3						
4						
5						
6						
7						
8						
9						
10						
11						
12						
13						
14						
15						
16						
17						
18						
19						
20						
21						
22						
23						
24						
25						
26						
27						
28						
29						

ACCOUNTING LEDGER

Month: ______________________ **Sheet Number:** ______________________

No.	Date	Account	Memo	Debit	Credit	Balance
1						
2						
3						
4						
5						
6						
7						
8						
9						
10						
11						
12						
13						
14						
15						
16						
17						
18						
19						
20						
21						
22						
23						
24						
25						
26						
27						
28						
29						

Made in the USA
Monee, IL
31 July 2021

74636669R00070